A cidade que não sabia sorrir

Elza Lima

estrelalee2710@hotmail.com
http://educapalavra.blogspot.com.br/
Fone: (27) 99811 4846

Lima, Elza - A cidade que não sabia sorrir
São Mateus/ES - Edição do autor, 2022 - 14,cm x
20,5- Ilustração: Sebastião Calisto
ISBN: 978-65-266-0033-7
Classificação: Conto

Considerações do autor

Dizem que o sorriso nos difere dos outros animais, aprendemos a sorrir desde que nascemos. A mamãe fica feliz em ver seu bebê sorrir. Através desse sorriso ela percebe que seu filho está bem, saudável e bem alimentado. Esse conceito deveria nos acompanhar pelo resto de nossas vidas. Sorrir é um ato de amor ao próximo. Um bom dia com um sorriso encanta o outro e o faz sentir que o dia realmente será bom. Um sorriso realmente abre portas, e faz nossa vida ser mais leve e suaviza a dor e o sofrimento. Traz alegria para quem sorri e para quem recebe o sorriso.

É mais fácil obter o que se deseja

com um sorriso do que à ponta da espada.

William Shakespeare

Prefácio

É uma honra ter o privilégio de escrever o prefácio do livro "A cidade que não sabia sorrir"escrito por Elza Lima, que além de minha amiga, é também minha professora. Creio que essa obra será recebida por todo tipo de público, pois, é uma história leve e muito gostosa. De uma garotinha que ensina uma cidade inteira a sorrir. Como toda criança, a história é inocente e consegue arrancar sorrisos sinceros de todos que têm a oportunidade de lê-la.

Nail designer: Andressa

A cidade que não sabia sorrir

Era uma vez uma menina muito alegre e feliz que gostava muito de sorrir, viajar e ajudar as pessoas.

Seu nome era Sophie.

Sua felicidade era ver a alegria estampada no rosto das outras pessoas.

Sempre dizia que sua alegria era a alegria dos outros, e, fazia o que podia para ajudar as pessoas a realizarem seus sonhos. Ela viajava muito, e por onde passava deixava sua alegria.

Contava histórias que ela ouvia e também as que ela inventava, sabia fazer isso como ninguém.

Sara viajou por longos anos, conheceu todos os processos da vida, passou por todas as fases, conheceu inúmeras cidades e continentes.

E esse conhecimento ela pretendia passar para o maior número possível de pessoas.

Em uma de suas viagens ela visitou uma cidade muito estranha.

As pessoas todas choravam sem parar, por onde ela passava só se ouvia prantos, lamurias e reclamações.

Ela entrou em uma loja de roupas e todos choravam. Só os vendedores. Não haviam clientes.

No consultório médico, só os médicos e enfermeiras, com as mãos no queixo, ou falando ao celular, nem levantaram os olhos para cumprimentar quem chegava.

Na padaria ninguém mais queria pão, na farmácia era a mesma cena.

E andando pelas ruas, só se ouvia lamentos e tristeza.

Sara então resolveu ir ao cinema, mas estava fechado. Só as pessoas chorando na porta.

Na banca de jornal, as notícias não eram boas, as pessoas liam e reclamavam

Foi a uma pizzaria, as garçonetes nem saíram do lugar para atendê-la, só choravam e cochichavam, reclamando da vida.

Ela perguntava, mas ninguém respondia.

Muito curiosa, e pensativa, disse para si mesma:

_ Preciso ajudar essas pessoas!

_Essa cidade não pode continuar assim!

Foi até uma praça pública, subiu no banco mais alto e começou a perguntar:

_Por que vocês choram tanto?

Todos continuavam a chorar, e nem mesmo prestavam atenção ao que ela dizia.

Ela então, com seu jeito insistente, continuou a perguntar, até que uma senhora, já bem velhinha, veio até ela, e disse aos prantos:

_ O quer você quer que nós façamos?

_Nós só sabemos chorar!

Sara ficou muito espantada e retrucou:

_Mas vocês não sabem sorrir?

Você não tem motivos para ficarem alegres?

_Mas, o que é sorrir?

Perguntou a velhinha!

Ela então começou a perceber que o problema era grave.

Chamou o maior número de pessoas para a praça e em cima do banco começou a contar piadas, piadas curtas, longas, de todo tipo de piadas, mas não conseguiu arrancar um sorriso sequer.

Pensou então:

_Esse povo não acha nada engraçado ou não entenderam as piadas. Realmente o caso é muito sério.

Ela continua seu discurso:

_Pessoal! O sorriso abre portas, além de passar boas energias, mostra alegria e transmite bons sentimentos.

Nem consigo imaginar minha vida sem sorrir, creio que não teria conseguido realizar algumas coisas importantes.

Sorriam sempre, ainda que seja um sorriso de Monalisa ou um sorriso de Chaplin, aquele sorriso irônico.

Então quando ela já estava quase desistindo, ela percebeu que caiu algo em sua cabeça, levou a mão aos cabelos, e, só então percebeu que havia ninhos de pássaros nas árvores, e que um deles havia feito coco em seus cabelos.

Tentou limpar e não sabendo o que fazer, em um gesto inconsciente levou a mão à boca.

Percebendo o que havia feito, tenta descer do banco e escorrega e cai sentada no chão.

A velhinha vem até ela e estende a mão com delicadeza, ela agradece, estende a mão e se levanta.

Nesse momento ela percebe que se fez um silêncio e não se ouvia mais choro algum.

De repente ela ouve uma risada de criança no meio da multidão.

Ela segue o som da risada e chega bem perto e percebe que se tratava de um bebê de apenas um ano de vida.

Todas as pessoas começaram a sorrir, seus rostos se iluminam e começam a ser gentis uns com os outros.

As lojas se encheram de clientes, o cheiro do pão exalava no ar, o dono do cinema abriu as portas oferecendo pipoca de graça para cada ingresso vendido.

E todos começam a dizer "Por favor", "Muito obrigado" "Com licença", sempre com um sorriso alegre e feliz.

Logo Sara percebe que as pessoas da cidade não eram gentis, não sabiam atender os clientes, não sabiam elogiar e nem diziam palavras carinhosas.

Por essa razão as portas foram se fechando e todos foram perdendo a alegria de viver.

E isso vinha acontecendo por longos e intermináveis anos.

Ninguém era amigo de ninguém, não tinham assunto para conversar, não tinham prazer em ficar juntos e nada para festejar.

De repente a vida voltou ao normal, colocaram até uma placa de "Bem vindo" na entrada da cidade.

As lojas agora tocavam músicas suaves e alegres, com letras harmoniosas para que todos se sentissem felizes ao entrar.

As atendentes de telemarketing aprenderam a falar corretamente e se tornaram cordiais.

A cidade ganhou vida nova e Sara sentiu-se realizada e seguiu sua viagem com a certeza de que havia feito bem as pessoas daquela cidade, e que eles haviam aprendido que um sorriso abrem muitas portas.

Sophie deixou claro para todos daquela cidade que a forma mais sincera de expressão é o sorriso, ainda que seja um sorriso amarelo.

Que devemos temperar a vida com um sorriso, e, que de fato viver um dia sem sorrir é um dia desperdiçado, como já dizia Charles Chaplin.

Sorriso de criança então...ah...esse nos enche a alma de frescor, confiança e esperança.

A tradução de um sorriso não cabe no infinito das palavras. E os sorrisos felizes refletem a paz.

Sorria

Sorrir sempre

Sorri para ser gentil

E para deixar saudades

Por onde passares

Torne seus dias tristonhos vazios,

Em dias alegres, festivos

E cheios de realizações

Sorri quando tudo começar

E quando terminar

Dê um sorriso encantador

Para seus amigos e seu amor

Sorri até mesmo quando

Nada mais restar

Assim por onde você passar

Seu sorriso irá ficar

Marcado no coração

De cada pessoa que te olhar   (Elza Lima)

Sorriso

O sorriso é uma manifestação

Um sentimento de benevolência

E uma demonstração de simpatia

Alguém que sorri para outro,

Mostra-se favorável

Agradável e convincente

Com um sorriso

Conseguimos expressar esperança.

Amabilidade, cortesia e alegria

É uma das melhores formas de se comunicar

É um ótimo "cartão de visitas"

Muito usado por pessoas saudáveis

O sorriso e o idioma do amor universal

É, até mesmo, o alimento da alma

O sorriso aproxima

E, até as crianças,

por menores que sejam

Compreendem.

Todo ser humano é, fundamentalmente,

Bom e feito para a felicidade,

Pois, Deus nos criou a sua imagem e

semelhança.

Deus não quer nos ver tristes,

murmurando,

Acabrunhados e reclamando.

Um sorriso

Pode não resolver todos os problemas do

mundo,

Mas, com certeza

Contribui para resolver grande parte deles.

O sorriso transforma

E deixa tudo menos sombrio.

A alegria imprime um sentido mais belo

E mais profundo nas coisas

Nos fatos e nas pessoas.

Quando procuramos alegrar alguém

Estamos acreditando na humanidade.

O sorriso, creia, coloca música

Na correria do dia a dia.

O sorriso é a doce canção da vida.

Um belo sorriso

Expressa muito mais que palavras.

É como uma bela flor perfumada

Sem espinhos.

O sorriso é uma flor atraente,

Cheirosa e agradável ao nosso coração

Assim como o sol abre todas as flores

O sorriso abre todas as portas.

Sorria sempre

Pois o sorriso nutre o entusiasmo

Entusiasmo significa

Ser possuído por Deus.

(Fátima Queiroz)

Fim

www.ingramcontent.com/pod-product-compliance
Lightning Source LLC
LaVergne TN
LVHW010305200726
843506LV00014B/3407